JULE AMBACH

VERRÜCKTE LÜCKEN

AUSFÜLLEN – VORLESEN – ABLACHEN

TOTAL **PELZIGE** TIERGESCHICHTEN

Loewe

VERRÜCKTE LÜCKEN

ist ein durchgedrehtes, ganz und gar unsinniges Textspiel, das man allein oder mit Freunden spielen kann. Die Regeln sind kinderleicht.

SPIELREGELN

Zu Beginn füllst du die Seite WORTVORRAT (vor jeder VERRÜCKTE LÜCKEN-Geschichte) aus. Diese Liste sieht immer etwas anders aus.

In jede Zeile setzt du ein Wort der gesuchten Gattung ein.

WICHTIG: Du darfst dir die VERRÜCKTE LÜCKEN-Geschichte auf der folgenden Seite noch __NICHT__ ansehen!

Zur Erinnerung:

Ein Verb (auch „Tuwort")

Meistens ist die Grundform gefordert,
z. B. „rennen", „essen" oder „schwimmen".

Wird das Verb in einer bestimmten Person benötigt, musst du es anpassen, z. B. ER, SIE oder ES „rennt" oder „schwimmt".

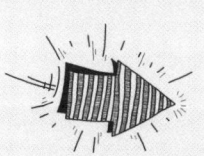

TIPP: Verben, die eine konkrete Tätigkeit beschreiben, z. B. „rufen" oder „fliegen", funktionieren am besten. Verben wie „sein" oder „haben" oder zusammengesetzte Verben wie z. B. „anspringen" oder „zurückblicken" führen dazu, dass der Text sich später ein bisschen holprig liest.

Hihihi

Ein Nomen (auch „Hauptwort" oder „Namenwort")

bezeichnet **NAMEN, LEBEWESEN, DINGE** oder **EREIGNISSE** (z. B. „Haus" oder „Fisch").

 Damit die Wörter besser in den Text passen, ist manchmal vorgegeben, ob es **DER, DIE** oder **DAS** sein soll.

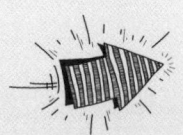 Meistens ist die **EINZAHL** gefordert, manchmal auch die **MEHRZAHL** (z. B. „Häuser" oder „Fische").

Ein Adjektiv (auch „Wiewort")

beschreibt, **WIE** jemand oder etwas ist, z. B. „bunt" oder „dumm".

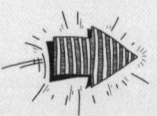 Alle anderen Wörter erklären sich von selbst (z. B. Körperteil oder Farbe).

 Sollte ein **LAND** gefragt sein, wähle eines ohne Artikel, z. B. „Deutschland" oder „Indien". (Die Schweiz oder die Türkei scheiden leider aus.)

Hast du alle Felder ausgefüllt, sieht dein WORTVORRAT z. B. so aus:

WORTVORRAT #1

männl. Vorname:	Mutter
Nomen 1:	Pfiff
Nomen 2:	Kaffee
Geräusch:	Karpfen
Flüssigkeit:	
Lebewesen 1 (Mehrzahl):	
Zahl 1 (größer 1):	
Wassertier (Mehrzahl):	
Körperteil 1 (Mehrzahl):	Finger
Adjektiv:	sauber
Körperteil 2 (Mehrzahl):	Beine
Teil eines Tiers (Mehrzahl):	Tatzen
Nomen 3 (Mehrzahl):	Schranken
etwas Essbares:	(das) Brot
Zahl 2 (größer 1):	10
Nomen 4:	(der) Löwenzahn
Nomen 5 (Mehrzahl):	Bücher
Lebewesen 2 (Mehrzahl):	Giraffen
Waffe (Mehrzahl):	Pistolen

Hihihi

Jetzt darfst du umblättern und beginnen, die VERRÜCKTE LÜCKEN–Geschichte zu lesen.

#1

DIE GESCHICHTE UNSERER WELT

Lehrer: ___Dieter___ , wiederhole bitte, was wir in der letzten Stunde darüber

männl. Vorname

gelernt haben, wie das ___Riesenrad___ auf unserer ___Mutter___ entstand

Nomen 1   Nomen 2

und wie es sich entwickelte.

Schüler: Am Anfang, kurz nach dem Ur- ___Pfiff___ , gab es erst mal gar nix. *Hihihi*

Geräusch

Irgendwann bildeten sich im ___Kaffee___ die ersten ___Karpfen___ . Im

Flüssigkeit   Lebewesen 1

Verlauf von etwa ___5___ Jahren wurden aus ihnen ___Wale___ , noch

Zahl 1   Wassertier

etwas später wuchsen ihnen dann ___Finger___ und sie krabbelten an Land.

Körperteil 1

Lehrer: Bis jetzt ganz ___sauber___ . Weiter!

Adjektiv

Schüler: Die ersten Landbewohner waren Reptilien. Manche hatten lange ___Beine___ ,

Körperteil 2

andere besaßen ___Tatzen___ und segelten damit durch die Luft. Es gab welche, die

Teil eines Tiers

fraßen nur ___Schranken___ , andere ernährten sich von ___Brot___ . Die

Nomen 3   etwas Essbares

größten Dinosaurier konnten ___10___ Meter lang werden! Aus einem unbe-

Zahl 2

kannten Grund starben sie irgendwann aus. Manche vermuten, ein ___Löwenzahn___ ,

Nomen 4

der vom Himmel auf die Erde fiel, sei dafür verantwortlich gewesen. Säugetiere übernahmen

die Herrschaft, die Urahnen vieler heutiger ___Bücher___ und auch des Menschen

Nomen 5

entwickelten sich: zottige Affen- ___Giraffen___ , die schwere

Lebewesen 2

Stein- ___Pistolen___ schwangen.

Waffe

Lehrer: Und was wurde aus diesen Frühmenschen, nachdem sie ihren Pelz abgelegt hatten?

Schüler: Äh … Lehrer?

Stößt du auf eine Lücke,
fügst du an der Stelle das geforderte
Wort aus dem WORTVORRAT ein.
So entsteht deine ganz persönliche,
abgedrehte und in vielen Fällen total unsinnige
VERRÜCKTE LÜCKEN-Geschichte.

Spielst du **VERRÜCKTE LÜCKEN** mit
deinen Freunden, bitte jeden Mitspieler
um ein Wort für den WORTVORRAT –
so lange, bis die Liste voll ist.

Ein Mitspieler wird zum Vorleser ernannt,
der eure **VERRÜCKTE LÜCKEN**–Geschichte vorliest,
indem er die zusammengetragenen Wörter an
den jeweiligen Stellen einsetzt.

Wichtig: Sollte es einmal vorkommen, dass ein Satz in einem ausge-füllten Lückentext ein bisschen holprig klingt, z. B. weil die Endung eines Nomens oder ein Verb nicht 100%ig in die Satzstruktur passen, kann es dafür zwei Gründe geben:

a) Du hast ein superungewöhnliches, total krankes Wort ge-wählt, das wir beim Ausdenken des Lückentexts unmöglich vorhersehen konnten.

b) Obwohl wir alles unternommen haben, sie ein bisschen zu zähmen, verhindert die knifflige deutsche Grammatik hier das reibungslose Funktionieren des Satzes.

So oder so, es ist nicht weiter schlimm. Wir sind hier nicht in der Schule und VERRÜCKTE LÜCKEN sollen vor allem eins:

SPASS MACHEN!

Und los geht's!

WORTVORRAT

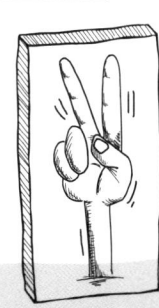

#1

Nachname: _____

Adjektiv 1: _____

Stadt: _____

Teil eines Tiers: (der o. das) _____

Verb: _____

Nomen 1: (der o. das) _____

Adjektiv 2: _____

Fahrzeug (Mehrzahl): _____

Nomen 2: (die) _____

Nomen 3: (der) _____

Ort: (der o. das) _____

Zahl (größer 1): _____

Nomen 4: (das) _____

Beruf (Mehrzahl): _____

Lebensmittel: _____

Adjektiv 3: _____

Nomen 5: (der o. das) _____

AUSGEBÜXT!

Als Herr _____ an einem trüben Montagmorgen aus seinem Bürofenster
  Nachname

schaute, glaubte er, er sei _____ geworden: Direkt davor baumelte
  Adjektiv 1

ein Affe – und das mitten in _____ ! Der Affe hielt sich mit seinem
  Stadt

_____ am Rollladenkasten fest. Herr _____ überlegte
  Teil e. Tiers   Nachname, s. o.

nicht lange und rief die Feuerwehr. „Guten Tag, vor meinem Fenster hängt ein Affe!"

Der Feuerwehrmann musste _____ und sagte dann ernst: „Wenn das
  Verb

ein _____ ist, tragen Sie die Kosten für den gesamten Einsatz!"
  Nomen 1

Herr _____ wurde laut: „Hören Sie mal, ich bin doch nicht
  Nachname, s. o.

_____ !"
  Adjektiv 2

Die Feuerwehr rückte mit drei _____ und heulender Sirene an.
  Fahrzeug

Obwohl sie einen Wagen mit extralanger _____ mitgebracht hatten,
  Nomen 2

gelang es ihnen nicht, das Tier einzufangen. Schließlich sprang der Affe in einen

_____ und war verschwunden.
  Nomen 3

Herr _____ rief im _____ an: „Vermissen *Sie* vielleicht einen
  Nachname, s. o.   Ort

Affen?" Tatsächlich waren _____ Zoobewohner durch ein _____
  Zahl   Nomen 4

im Zaun abgehauen. Alle _____ halfen, die Ausreißer zu suchen – ver-
  Beruf

geblich. Schließlich legten sie Bananen und _____ als Köder aus.
  Lebensmittel

Den Affen war das Abenteuer dann doch ein bisschen zu _____ :
  Adjektiv 3

Am Abend fand man sie friedlich schlafend in ihrem _____ .
  Nomen 5

WORTVORRAT

Teil eines Hauses: (das) _____

Land: _____

Zeiteinheit (Mehrzahl): _____

Verb 1: _____

Nomen 1: (das) _____

Verb 2: _____

Teil eines Tiers 1 (Mehrzahl): _____

Teil eines Tiers 2 (Mehrzahl): _____

Körperteil 1: (die) _____

Körperteil 2: (der) _____

Ausruf: _____

Verb 3: _____

Lebensmittel: _____

Raubtier (Mehrzahl): _____

Nomen 2: (der o. das) _____

Zahl (größer 1): _____

FRÜHSTÜCK MIT GIRAFFEN

Stell dir vor, du sitzt beim Frühstück und eine Giraffe schaut durch das

_____ ! In _____ ist das möglich: Hier gibt es seit
Teil e. Hauses   Land

hundert _____ einen Nationalpark für Giraffen, in dem sie geschützt
         Zeiteinheit

_____ können. Mitten im Gelände steht ein altes, herrschaftliches
        Verb 1

_____ , das heute ein Hotel ist.
      Nomen 1

Die Giraffen _____ ganz genau, wann es Zeit für Frühstück und Abend-
        Verb 2

essen ist. Dann strecken sie ihre langen _____ durch das geöffnete
        Teil e. Tiers 1

_____ und schauen, ob sie etwas abstauben können. Manchmal
Teil e. Hauses, s. o.

stupsen sie die Gäste dabei mit ihren _____ an oder tasten sich mit ihrer
        Teil e. Tiers 2

blauen _____ voran. Es kann auch sein, dass sie einfach über deinen
    Körperteil 1

_____ schlecken – _____ ! Man muss gut aufpassen,
Körperteil 2   Ausruf

sonst _____ die Giraffen frech das ganze Frühstücksbrötchen! Aber am
     Verb 3

liebsten mögen Giraffen sowieso _____ und Laub. Ein Glück,
         Lebensmittel

dass das Hotel nicht mitten in einem Nationalpark für _____ liegt.
         Raubtier

Weil ein _____ dort so beliebt ist, muss man sein Zimmer mindestens
    Nomen 2

12 Monate vorher buchen. Außerdem musst du lange sparen, denn eine Übernachtung

kostet _____ Dollar – pro Nacht!
    Zahl

WORTVORRAT

Stadt: _____

Tageszeit: _____

Adjektiv 1: _____

Beruf (Mehrzahl): _____

Nomen 1 (Mehrzahl): _____

Adjektiv 2: _____

Ort: (der) _____

Zahl (größer 1): _____

Nomen 2: (der o. das) _____

weibl. Verwandte: _____

Verb: _____

Teil eines Tiers (Mehrzahl): _____

Nomen 3: (der o. das) _____

Adjektiv 3: _____

Fahrzeug (Mehrzahl): _____

SUPER-
FLAUSCHIG!

SONDEREINSATZ

(ZEITUNGSARTIKEL)

_____ : Zu einem ungewöhnlichen Einsatz wurde die Polizei gestern
  Stadt

_____ gerufen: Anwohner hatten die Beamten verständigt, weil eine
  Tageszeit

Ente _____ am Rand einer viel befahrenen Straße herumflatterte und
  Adjektiv 1

dadurch den Verkehr in Gefahr brachte. Mit Blaulicht rückten die _____ an,
  Beruf

ausgestattet mit _____ . Die Ente konnte _____
  Nomen 1   Adjektiv 2

gefangen und in einen _____ gebracht werden – allerdings flog sie direkt
  Ort

wieder zurück an den Straßenrand. Hier schauten sich die Beamten noch einmal genau

um – und entdeckten, dass _____ Küken in einem _____
  Zahl   Nomen 2

schwammen. Aufgeregt fiepsend riefen sie nach ihrer _____ .
  weibl. Verwandte

Nun ließ die Polizei die Straße _____ , um mit der Rettungsaktion zu
  Verb

beginnen. Die Enten-Mama beobachtete das Ganze mit aufgeregtem Schlagen ihrer

_____ . Eines nach dem anderen konnten die _____ die
  Teil e. Tiers   Beruf, s. o.

Küken mit einem _____ aus dem _____ herausholen.
  Nomen 3   Nomen 2, s. o.

Die kleinen Entchen schüttelten sich _____ , dann lief die Entenfamilie
  Adjektiv 3

über die Straße in den angrenzenden Park. Statt Applaus für die Retter gab es ein Hup-

konzert der wartenden _____ . Was für ein aufregender Einsatz – für die
  Fahrzeuge

Enten und die Polizei!

WORTVORRAT

weibl. Vorname: _____

Nomen 1 (Mehrzahl): _____

Längeneinheit: _____

Ort 1: (die) _____

Adjektiv 1: _____

Verb: _____

Nomen 2: (das) _____

Element: _____

Adjektiv 2: _____

Kleidungsstück: (die) _____

Ort 2: (das) _____

Nomen 3 (Mehrzahl): _____

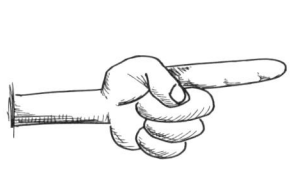

ACTION MIT STREIFENHÖRNCHEN

Wenn _____ einen Auftritt hat, warten schon Stunden vorher viele
　　　　　　weibl. Vorname

_____ . Die Menge flippt total aus, wenn _____
　　　Nomen 1　　　　　　　　　　　　　　　　　　　　　　　　　weibl. Vorname, s. o.

dann auf Wasserski durch den Pool düst. Aber Moment – Wasserski im Pool? Ja, das geht,

wenn man ungefähr 20 _____ groß und ein Streifenhörnchen ist!
　　　　　　　　　　　Längeneinheit

Als _____ noch klein war, wurde sie verletzt gefunden und in
　　　weibl. Vorname, s. o.

eine _____ zur Pflege gebracht. Hier hat sich Sarah um das Hörnchen
　　　　Ort 1

gekümmert. Weil es wirklich noch sehr _____ war, musste Sarah das
　　　　　　　　　　　　　　　　　　　　　　Adjektiv 1

Streifenhörnchen rund um die Uhr füttern und _____ . Immer, wenn
　　　　　　　　　　　　　　　　　　　　　　　　Verb

Sarahs kleiner Sohn sein ferngesteuertes _____ im Pool fahren
　　　　　　　　　　　　　　　　　　　　Nomen 2

ließ, war _____ ganz aufgeregt und wollte am liebsten sofort ins
　　　weibl. Vorname, s. o.

_____ springen. Eigentlich nur aus Spaß banden sie eine Schnur mit
　　　Element

selbst gebauten kleinen Wasserski an das _____ . Das Streifenhörnchen
　　　　　　　　　　　　　　　　　　　　　Nomen 2, s. o.

sprang, von einer Nuss gelockt, _____ auf die Ski und ließ sich ziehen!
　　　　　　　　　　　　　　Adjektiv 2

Zur Sicherheit nähte Sarah ihm noch eine grüne _____ .
　　　　　　　　　　　　　　　　　　　　　　Kleidungsstück

Durch Videos, die die Familie im _____ veröffentlichte, wurde
　　　　　　　　　　　　　　　Ort 2

_____ berühmt. Das Wasserski fahrende Streifenhörnchen war sogar
　　weibl. Vorname, s. o.

schon in mehreren _____ zu sehen und hat Fans auf der ganzen Welt.
　　　　　　　　Nomen 3

WORTVORRAT

#5

Nomen 1: (der o. das) _____

Geräusch 1: (das) _____

Adjektiv: _____

Verb 1: _____

Nomen 2 (Mehrzahl): _____

Nomen 3: (die) _____

Nomen 4 (Mehrzahl): _____

Einrichtungsgegenstand (Mehrzahl): _____

Naturereignis: (der) _____

Verb 2: _____

Geräusch 2: (das) _____

Nomen 5: (die) _____

Zahl (größer 1): _____

Tier (Mehrzahl): _____

Beruf: (der) _____

ÜBERRASCHENDER BESUCH

Seit ein paar Wochen wurde Ben nachts von einem _____ geweckt.
Nomen 1

Einem Kratzen und _____ , das vom Dachboden kam. Wenn er
Geräusch 1

morgens seinen Eltern davon erzählte, glaubten sie ihm kein Wort. Das machte Ben

richtig _____ . Ob er _____ sollte?
Adjektiv   Verb 1

Eines Nachmittags nahm Ben allen Mut zusammen und kletterte die _____
Nomen 2

zum Dachboden hinauf. Auf den ersten Blick war nichts zu sehen. Auch nicht, als er mit

der _____ in alle Ecken leuchtete. Es würde doch nicht etwa spuken?
Nomen 3

Aber die nächtlichen Geräusche blieben nicht der einzige Vorfall. Mal waren

die _____ völlig durchwühlt, mal die _____
Nomen 4   Einrichtungsgegenstand

im Wohnzimmer heruntergefallen und schmutzig. Und obwohl es keinen

_____ gegeben hatte, waren Dachziegel vom Dach gefallen!
Naturereignis

Nachts legte Ben sich auf die Lauer. Er musste nicht lange _____ ,
Verb 2

da hörte er es wieder: ein Rascheln, Scharren und _____ . Ben weckte
Geräusch 2

seine Eltern. Gemeinsam stiegen sie zum Dachboden hinauf. Vorsichtig öffneten sie

die _____ und knipsten ihre Taschenlampen an. Überrascht blinzelten
Nomen 5

sie _____ Augen an – eine ganze Familie _____ !
Zahl   Tier

Die Tiere hatten sich hier oben ein Nest gebaut. Am nächsten Tag riefen Bens Eltern

den _____ an, der die _____ in den Wald brachte.
Beruf   Tier, s. o.

WORTVORRAT

#6

weibl. Verwandte: _____

Nomen 1: (der) _____

Verb 1: _____

Adjektiv 1: _____

Hunderasse: (der) _____

Teil eines Tiers: (der o. das) _____

Körperteil (Mehrzahl): _____

männl. Verwandter: _____

elektrisches Gerät: (das) _____

Zeiteinheit (Mehrzahl): _____

Verb 2: _____

Musikrichtung: _____

Lebewesen (Mehrzahl): _____

Adjektiv 2: _____

Nomen 2: (die) _____

Nomen 3: (das) _____

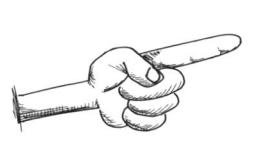

HUNDE, DIE SINGEN, BEISSEN NICHT

MEGA

„Was ist das für ein Krach?" Justus stürmte in das Zimmer seiner _____
weibl. Verwandte

Lina, aus dem ein ohrenbetäubender _____ drang. „Du solltest
Nomen 1

das _____ lieber lassen", meinte er _____ . „Aber ich
Verb 1   Adjektiv 1

war das nicht!", protestierte Lina. Sie deutete auf ihren _____ Lucky,
Hunderasse

der neben ihr saß und vergnügt mit dem _____ wedelte.
Teil e. Tiers

„Ich habe doch gehört, dass du gesungen hast", wunderte sich Justus. Lina verdrehte

die _____ . „Typisch, großer _____ ! Ich bin nicht
Körperteil   männl. Verwandter

immer an allem schuld. Warte, ich zeige es dir." Sie holte ihr _____
elektr. Gerät

      aus der Hosentasche, drückte darauf herum und ein Lied ertönte – schon nach wenigen

_____ begann Lucky laut zu singen.
Zeiteinheit

      Überrascht riss Justus die Augen auf und musste dann laut _____ .
Verb 2

„Uhwuuuwuuuhuuu", heulte Lucky zu der Musik. Lina schaltete sie aus und sofort ver-

stummte der _____ . „Mach mal _____ an!",
Hunderasse, s. o.   Musikrichtung

schlug Justus vor. Sie probierten über zehn Songs aus und stellten fest, dass Lucky nur

bei Liedern heulte, die von _____ gesungen wurden. Ob er das aus
Lebewesen

Begeisterung tat oder weil er die Musik _____ fand, wussten sie nicht.
Adjektiv 2

„Na ja", meinte Justus. „Luckys Gesang klingt trotzdem nicht besser als deiner." Er rannte

schnell aus dem Zimmer und schlug die _____ hinter sich zu, bevor
Nomen 2

Lina ihr _____ nach ihm werfen konnte.
Nomen 3

WORTVORRAT

#7

Nomen 1:   (der) _____

Beruf: (der) _____

Nachname: _____

Tier 1 (Mehrzahl):   _____

Pflanze: _____

Nomen 2:   (die) _____

Kleidungsstück: (die) _____

Nomen 3:   (die) _____

Tier 2 (Mehrzahl):   _____

Zahl (größer 20):   _____

Behältnis: (das) _____

Raum eines Hauses: (das) _____

Zeiteinheit (Mehrzahl): _____

Nomen 4:   (die) _____

männl. Vorname: _____

Getränk: _____

Verb: _____

TIERISCH WAS LOS!

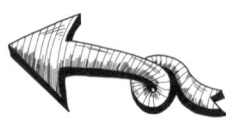

Heute hat Luca einen _____ in der Schule gehalten. Das Thema war
_____Nomen 1_____

„Bei uns zu Hause". Weil sein Vater _____ ist, wächst Luca mitten
_____Beruf_____

im Zoo auf. Und bei Familie _____ ist immer tierisch was los!
_____Nachname_____

Luca berichtete von _____ im Küchenschrank, winzigen Äffchen
_____Tier 1_____

in der _____ und Antilopen im Garten. Luca erzählte, wie er einmal
____Pflanze____

von der Schule nach Hause kam und dringend auf die _____ musste.
_____Nomen 2_____

Während er sich die _____ herunterzog, wunderte er sich, warum
_____Kleidungsstück_____

der Duschvorhang geschlossen war, und zog ihn zur Seite. Beim Blick in die

_____ schrie Luca auf: Dort schwammen sieben _____ !
____Nomen 3____   ____Tier 2____

Ein anderes Mal waren _____ Zwerggeckos aus einem
_____Zahl_____

_____ abgehauen, das im _____ von
____Behältnis____   ____Raum e. Hauses____

Lucas Vater stand. Zwei _____ später hatte Luca den letzten Gecko
_____Zeiteinheit_____

endlich gefunden – er hing an der _____ in Lucas Zimmer.
_____Nomen 4_____

Im Moment ist Luca Pflegebruder für einen kleinen Leoparden. Er hat ihn

_____ genannt. Einmal in der Stunde muss _____
____männl. Vorname____   ____männl. Vorname, s. o.____

gefüttert werden – sogar nachts! Mit einer Flasche, aus der der Leopard

_____ nuckelt. Vielleicht könnte er ihn morgen mal in die Schule
____Getränk____

_____ , schlug Luca seiner Lehrerin vor.
____Verb____

SUPER-FLAUSCHIG!

_____

Tier (Mehrzahl): _____

Adjektiv 1: _____

Farbe: _____

Verb: _____

Zeiteinheit (Mehrzahl): _____

Nomen 1: (das) _____

männl. Vorname: _____

Ort: (der) _____

Nomen 2: (der) _____

Nomen 3: (die) _____

Teil der Schule: (der o. das) _____

Nomen 4: (das) _____

Zahl (größer 1): _____

Adjektiv 2: _____

Nomen 5: (der o. das) _____

Frau Lüders brachte einen großen Käfig mit in den Unterricht. „Das hier sind Meeri

und Karli. Die beiden sind _____ – ich dachte, es ist ein schönes Projekt, wenn
_____(Tier)

sich die Klasse _____ um die beiden kümmert." Meeri war
_____(Adjektiv 1)

_____ und Karli braun-weiß gescheckt. „Wie niedlich!" Die 6b war sofort
_____(Farbe)

total aufgeregt und es wurde ein Plan für das _____ des Käfigs und Füttern
_____(Verb)

der beiden Tiere aufgestellt. Das Ganze ging nur drei _____ gut.
_____(Zeiteinheit)

Es begann damit, dass Meeri immer dicker wurde. Komisch, denn beide Tiere

bekamen doch dasselbe _____ . Und dann war Meeri plötzlich
_____(Nomen 1)

verschwunden. _____ hatte die beiden _____ gefüttert,
_____(männl. Vorname)_____(Tier, s. o.)

dabei musste Meeri abgehauen sein. Die Schüler suchten den gesamten _____
_____(Ort)

ab. Jeder schaute in seinen _____ , alle Schubladen wurden geöffnet
_____(Nomen 2)

und ein Suchtrupp überprüfte die Schulflure. Doch Meeri blieb verschwunden.

Am Montag wartete eine _____ im _____ .
_____(Nomen 3)_____(Teil d. Schule)

„Meeri ist wieder da!", riefen die Schülerinnen und Schüler. Meeri hatte sich hinter einem

Regal ein _____ gebaut und dort _____ Junge zur Welt
_____(Nomen 4)_____(Zahl)

gebracht! Deswegen war sie also so _____ geworden ...
_____(Adjektiv 2)

Nun hatte die Klasse ein neues Projekt:

Ein _____ für Meerschweinchen!
_____(Nomen 5)

 # WORTVORRAT

 **#9**

Lebensmittel (Mehrzahl): _____

Fahrzeug: (das) _____

Land: _____

Tier 1 (Mehrzahl): _____

Adjektiv 1: _____

Körperteil 1: (der) _____

Adjektiv 2: _____

Adjektiv 3: _____

Ort: (der) _____

Nomen (Mehrzahl): _____

Verb 1: _____

Tier 2 (Mehrzahl): _____

Zahl (größer 1): _____

Körperteil 2: (der o. das) _____

Verb 2: _____

Süßigkeit: _____

AUF SAFARI

Jannis hatte sich zum Geburtstag einen Ausflug in den Safaripark gewünscht.

Morgens war er als Erster wach und total aufgeregt. Sein Vater packte die

_____ für das Picknick ein, dann konnte es endlich losgehen.
    Lebensmittel

Zuerst fuhr man mit dem _____ durch ein Gelände, das wie ein National-
                            Fahrzeug

park in _____ aussah. Jannis staunte über Antilopen, _____
            Land   Tier 1

und Giraffen. Die Giraffen waren so _____ , dass sie bis an
                                         Adjektiv 1

das _____ herankamen. Eine steckte sogar den _____
        Fahrzeug, s. o.   Körperteil 1

herein und schnupperte an Jannis. Das kitzelte und war _____ .
                                                            Adjektiv 2

Schon jetzt war Jannis total _____ mit seinem Geburtstag. Nach der
                                Adjektiv 3

Safari konnte man den _____ zu Fuß besuchen. Hier gab es einige
                            Ort

große _____ , in die man hinein _____ konnte und in
          Nomen   Verb 1

denen die Tiere frei herumliefen. Jannis wollte unbedingt zu seinen Lieblingstieren,

den _____ . Sie hatten Glück: Ein Tierpfleger fütterte sie gerade und
        Tier 2

erklärte den Besuchern etwas über die Tiere. Jannis stellte sich nach ganz vorn, er wollte

alles hören. _____ _____ kamen neugierig näher und schnüffelten
                Zahl   Tier 2, s. o.

an ihm. Einige versuchten sogar, an seinem _____ hochzuklettern!
                                                Körperteil 2

Jannis musste _____ . Lachend fragte der Tierpfleger, was er in
                    Verb 2

der Hosentasche habe. Verblüfft schaute Jannis nach – es war eine angefangene

Tüte _____ !
        Süßigkeit

Fahrzeug: (das) _____

Tier: (der) _____

Verb 1: _____

Ort 1: (der) _____

Ort 2: (die) _____

Körperteil 1: (die) _____

Körperteil 2 (Mehrzahl): _____

Adjektiv: _____

Längeneinheit (Mehrzahl): _____

Nomen 1: (die) _____

Nomen 2: (das) _____

Körperteil 3 (Mehrzahl): _____

Verb 2: _____

SUPER-
FLAUSCHIG!

ACHTUNG, TIER AUF RÄDERN!

Mila liebt _____ fahren. Und Scooter, ihren _____ .
     Fahrzeug   Tier

Mila nimmt Scooter überall mit hin. Zum Eis _____ ,
                 Verb 1

an den _____ zum Schwimmen, einmal mit in die _____
    Ort 1   Ort 2

und eben zum _____ fahren. Scooter rennt dann mit hängender
     Fahrzeug, s. o.

_____ neben ihr her und lässt sein Frauchen nicht aus den
  Körperteil 1

_____ . Scooter mag es _____ . Also stellte Mila
  Körperteil 2   Adjektiv

ihren _____ eines Tages auf das _____ und schubste
   Tier, s. o.   Fahrzeug, s. o.

es leicht an, sodass es ein paar _____ fuhr. Scooter blieb stehen und
           Längeneinheit

schien überhaupt keine _____ zu haben. Als das _____
       Nomen 1   Fahrzeug, s. o.

anhielt, stellte Scooter eine Pfote auf den Boden und schaute Mila fragend an. Mila gab

ihm ein _____ und trainierte mit ihm das _____ fahren.
    Nomen 2   Fahrzeug, s. o.

Seitdem sind die beiden eine Sensation auf der Straße. Scooter steht lässig auf

dem _____ , die Schnauze in den Wind gereckt, die _____
   Fahrzeug, s. o.   Körperteil 3

flattern im Fahrtwind. Mila hat es tatsächlich geschafft, ihm beizubringen, sich selbst

mit einem Bein Anschwung zu geben! Mittlerweile hat Scooter sogar sein eigenes

_____ . So können die beiden nebeneinander _____ .
 Fahrzeug, s. o.   Verb 2

WORTVORRAT

#11

Adjektiv 1: _____

Verb 1: _____

Zeiteinheit: _____

Nomen (Mehrzahl): _____

Pflanze (Mehrzahl): _____

Verb 2: _____

Verb 3: _____

Lebensmittel (Mehrzahl): _____

Körperteil: (der) _____

Adjektiv 2: _____

Zahl (größer 1): _____

Längeneinheit (Mehrzahl): _____

Tier (Mehrzahl): _____

10 FUN FACTS ÜBER FAULTIERE

1. Auch wenn sie sich an Land sehr _____ und schwerfällig bewegen,
   Adjektiv 1

   können Faultiere hervorragend _____ .
   Verb 1

2. Sie gehen nur einmal pro _____ aufs Klo und machen
   Zeiteinheit

   immer an dieselbe Stelle, um sich vor _____ zu schützen.
   Nomen

3. In ihrem Fell wachsen _____ – so können sich Faultiere perfekt in
   Pflanze

   den Kronen der Bäume _____ .
   Verb 2

4. Entgegen ihrem Ruf _____ Faultiere nur zehn Stunden am Tag.
   Verb 3

5. Faultiere sind so langsam, weil sie ausschließlich _____ mit
   Lebensmittel

   wenigen Nährstoffen fressen – sie haben nicht genug Energie, um schneller zu sein.

6. Sie können ihren _____ um 360 Grad drehen.
   Körperteil

7. Faultiere haben 10 Zentimeter lange Krallen – könnten sie _____
   Adjektiv 2

   sein, wären sie eins der gefährlichsten Säugetiere der Welt!

8. Faultiere werden bis zu _____ Jahre alt.
   Zahl

9. Sie erreichen Spitzengeschwindigkeiten von 4 _____ in der Minute.
   Längeneinheit

10. Vor 10.000 Jahren gab es Faultiere, die so groß wie _____ waren.
    Tier

WORTVORRAT

#12

Nachname: _____

Land: _____

Adjektiv 1: _____

Körperteil: (der o. das) _____

Nomen 1: _____

Werkzeug 1: (die) _____

Adjektiv 2: _____

Beruf: (der) _____

Werkzeug 2: (die) _____

Adjektiv 3: _____

Verb: _____

Ausruf: _____

Nomen 2: (die) _____

Zahl (größer 1): _____

weibl. Vorname: _____

FELLKNÄUEL AUF VIER BEINEN

Als der Bauer Fynn Mc _____ auf seine Schafweide in _____

Nachname _Land_

trat, staunte er nicht schlecht. Da war plötzlich ein Schaf, das so viel Fell hatte, dass es

richtig _____ aussah. Weder seine Beine noch sein _____

Adjektiv 1 _Körperteil_

waren zu sehen. Sein Fell war verfilzt und voller _____ . Die anderen

Nomen 1

Schafe hielten respektvoll Abstand und beäugten das neue Schaf misstrauisch. ·

Wo kam es nur her? Mc _____ fackelte nicht lange und holte seine

Nachname, s. o.

 _____ , um das Schaf zu scheren. Doch das Fell war so dicht und

Werkzeug 1

_____ , dass er mit seinem Werkzeug nicht weit kam. Er rief den

Adjektiv 2

_____ an, der das überaus wollige Schaf betäubte. Nun konnte der Bauer

Beruf

mit einer _____ das Schaf von seinem Fell befreien. Als es

Werkzeug 2

_____ aus der Narkose erwachte, begann das Schaf fröhlich über

Adjektiv 3

die Wiese zu _____ , machte Sprünge und sein „_____ "

Verb _Ausruf_

hallte über die ganze Weide. Der Bauer rief bei der _____ an. Er hoffte,

Nomen 2

so den Besitzer des Schafes zu finden. Und tatsächlich: Eine Schäferin meldete sich,

die 80 km von Mc _____ entfernt lebte. Sie erzählte, dass ihr vor

Nachname, s. o.

_____ Jahren ein Schaf davongelaufen sei. Das Schaf, das so zugewuchert

Zahl

bei Mc _____ aufgetaucht war, musste ihre _____

Nachname, s. o. _weibl. Vorname_

sein.

Ort 1:   (der) _____

Tier 1 (Mehrzahl): _____

Fahrzeug (Mehrzahl): _____

Nomen 1 (Mehrzahl): _____

Raum eines Hauses (Mehrzahl): _____

Lebensmittel (Mehrzahl): _____

Verb 1: _____

Tier 2 (Mehrzahl): _____

Körperteil (Mehrzahl): _____

Ort 2:   (die) _____

Verb 2: _____

Nomen 2 (Mehrzahl): _____

Verb 3: _____

10 FUN FACTS ÜBER ERDMÄNNCHEN

SUPER-FLAUSCHIG

1. Junge Erdmännchen gehen in den _____ .
   Ort 1

2. Schon junge Erdmännchen lernen, dass _____ eine große
   Tier 1

   Gefahr sind – darum halten sie sogar _____ für Fressfeinde.
   Fahrzeug

3. Erdmännchen bauen Höhlen und _____ , die mehrere Meter tief
   Nomen 1

   sind! Hier gibt es _____ , ein Klo und mindestens 15 Eingänge.
   Raum e. Hauses

4. Ihre Leibspeise sind _____ .
   Lebensmittel

5. Wenn eine neue Anführerin gesucht wird, _____
   Verb 1

   die Weibchen so lange, bis eine von ihnen am stärksten ist.

6. Erdmännchen sind mutig. Sie kämpfen sogar gegen _____ .
   Tier 2

7. Die schwarzen Kreise um ihre _____ wirken wie eine Sonnenbrille.
   Körperteil

   So sind ihre _____ vor der grellen Sonne in der _____
   Körperteil, s. o.   *Ort 2*

   geschützt.

8. Der wichtigste Job in der Erdmännchengruppe ist der Späher: Er beobachtet die

   Umgebung von einem erhöhten Punkt. Sobald ein Fressfeind auftaucht, warnt er seine

   Gruppe und die Erdmännchen greifen an oder _____ .
   Verb 2

9. Erdmännchen haben eine eigene Sprache. Sie haben „Wörter"

   für alle _____ und für ihre Familienmitglieder.
   Nomen 2

10. Erdmännchen _____ nie allein. So können sie sich
    Verb 3

    in den kalten Nächten in der _____ warm halten.
    Ort 2, s. o.

Stadt: _____

Tier 1: (die) _____

Nomen 1 (Mehrzahl): _____

Körperteil 1 (Mehrzahl): _____

Adjektiv 1: _____

Tier 2 (Mehrzahl): _____

Teil eines Tiers (Mehrzahl): _____

Adjektiv 2: _____

Nomen 2: (die) _____

Nomen 3: _____

Beruf: (der) _____

Zeiteinheit (Mehrzahl): _____

Körperteil 2: _____

KEIN ZAUN ZU HOCH

Im Tierpark von _____ waren inzwischen alle ratlos: Egal, was sie unter-
                     Stadt

nahmen, _____ Johnny büxte immer wieder aus seinem Gehege aus.
               Tier 1

Die Tierpfleger versuchten alles: Spielzeug und _____ , leckeres Futter,
                                                        Nomen 1

höhere Zäune. Mit seinen kräftigen _____ konnte Johnny wirklich hoch
                                          Körperteil 1

springen. So konnte er jedes Hindernis spielend überwinden. ☞

Manchmal waren es ein paar Stunden, dann wieder ganze Tage, an denen Johnny Ausflüge

durch den Zoo machte. Aber er kehrte immer _____ wieder zurück.
                                                   Adjektiv 1

Darum beschloss die Zoodirektorin eines Tages, dass man ihn einfach machen lassen

sollte. Er besuchte andere Tiere wie die _____ , die Giraffen und die
                                                Tier 2

Strauße. Wobei die großen Vögel nicht gerade begeistert von seinen Besuchen waren

und er manchmal mit Hieben ihrer scharfen _____ verjagt wurde.
                                                  Teil e. Tiers

_____ ging es dagegen am Flamingoweiher zu oder Johnny hüpfte
      Adjektiv 2

über die Wege. Das war natürlich eine _____ für die Besucher und
                                             Nomen 2

jeder wollte Johnny streicheln. ☞

Nur einmal sorgte Johnny für _____ : Ein _____ hatte die
                                    Nomen 3   Beruf

Tür zur Futterküche offen gelassen. Johnny kam sofort herbeigehüpft und fraß viel zu viel

Obst, bis der _____ zurückkam und die _____ bemerkte.
                  Beruf, s. o.   Tier 1, s. o.

Danach hatte Johnny ein paar _____ _____-Schmerzen
                                    Zeiteinheit   Körperteil 2

und wollte erst mal nicht mehr über den Zaun springen.

Nomen 1 (Mehrzahl): _____

Tier 1 (Mehrzahl): _____

Nomen 2 (Mehrzahl): _____

Tier 2 (Mehrzahl): _____

Verb 1: _____

Adjektiv: _____

Land 1: _____

Nomen 3: (der) _____

Kleidungsstück: (das) _____

Längeneinheit: _____

Verb 2: _____

Land 2: _____

Tier 3 (Mehrzahl): _____

TIERISCH SPORTLICH

Tiere sind nicht nur beste _____ , sondern auch prima Sportkameraden.
Nomen 1

Du kennst vielleicht Schlittenhunderennen, Polo mit _____ oder Spring-
Tier 1

reiten – diese _____ kennt man sogar aus dem Fernsehen. Aber hast
Nomen 2

du schon einmal von Yoga mit _____ , _____ mit Hähnen
Tier 2   Verb 1

oder Kaninhop gehört? Dagegen klingt ein Wettrennen von Schnecken ja wohl total

_____ .
Adjektiv

Vor ungefähr 30 Jahren wurde Kaninhop in _____ erfunden.
Land 1

Bei dieser tierischen Sportart werden Kaninchen von ihren Besitzern durch einen

_____ geführt. Meistens tragen die Hoppler dabei ein
Nomen 3

_____ . Die Kaninchen müssen Hindernisse überspringen,
Kleidungsstück

die bis zu 30 _____ hoch sind, über Wassergräben und Stangen
Längeneinheit

_____ .
Verb 2

Neuerdings ist die Sportart auch in _____ sehr beliebt – hier allerdings
Land 2

mit _____ statt Kaninchen.
Tier 3

WORTVORRAT

Geräusch: (das) _____

Nomen 1 (Mehrzahl):   _____

Tier (Mehrzahl):   _____

weibl. Verwandte: _____

Verb: _____

Behältnis: (die) _____

Adjektiv 1:   _____

Adjektiv 2:   _____

Nomen 2:   (das) _____

Hunderasse: (der) _____

Farbe: _____

Körperteil 1:   _____

Körperteil 2 (Mehrzahl):   _____

Nomen 3:   (der o. das) _____

Lebensmittel: _____

Nomen 4:   (die) _____

EINE TIERISCHE FAMILIE

Marie blieb vor dem Gartenhaus stehen. Sie konnte ein leises _____

Geräusch

hören. Vorsichtig öffnete sie die Tür und ging hinein. Versteckt hinter einem Stapel

_____ entdeckte sie fünf kleine _____ . Von deren

Nomen 1   Tier

_____ gab es keine Spur. Marie musste nicht lange _____ :

weibl. Verwandte   Verb

Sie nahm eine _____ , steckte die _____ vorsichtig

Behältnis   Tier, s. o.

hinein und brachte sie ins Haus. Schon kam Hund Fritz angelaufen und schnüffelte

_____ . Die _____ mussten unbedingt _____

Adjektiv 1   Tier, s. o   Adjektiv 2

bleiben – also setzte Marie sie in das _____ von Fritz.

Nomen 2

Der _____ legte sich behutsam dazu. Die _____

Hunderasse   Tier, s. o.

kuschelten sich an ihn und schliefen sofort ein.

Von nun an waren Fritz und die kleinen Flauschbälle, die komplett _____

Farbe

waren, unzertrennlich. Die meiste Zeit des Tages schliefen sie. Aber sie ritten auch gern

auf Fritz' _____ oder spielten zwischen seinen _____ .

Körperteil 1   Körperteil 2

Wenn der _____ eine Pause brauchte, wurden die _____

Hunderasse, s. o.   Tier, s. o.

auf eine Wärmflasche gesetzt und mit einem _____ zugedeckt.

Nomen 3

Oder Marie fütterte die Kleinen mit _____ . Diese tierische Familie war

Lebensmittel

eine richtige Sensation in der _____ !

Nomen 4

Adjektiv 1: _____

Nomen 1 (Mehrzahl): _____

Körperteil (Mehrzahl): _____

Nomen 2 (Mehrzahl): _____

Adjektiv 2: _____

Nomen 3: (das) _____

Zahl (größer 1): _____

Pflanze (Mehrzahl): _____

Zeiteinheit: _____

Adjektiv 3: _____

Tierfutter: _____

Teil eines Tiers (Mehrzahl): _____

Land: _____

Raum eines Hauses: (der o. das) _____

Tier 1 (Mehrzahl): _____

Tier 2: (der o. das) _____

KEIN KUSCHELTIER!

Zugegeben: Rote Pandas sind echt _____ ! Viele _____
          Adjektiv   *Nomen 1*

und Erwachsene wünschen sich so ein kuscheliges Tier mit schwarzen _____
                                                                    Körperteil

auch für zu Hause. Aber es handelt sich hierbei immer noch um wilde Tiere,

die bestimmte _____ haben. So benötigt ein Roter Panda mindestens
              Nomen 2

80 Quadratmeter Platz – das ist ungefähr so _____ wie eine
                                            Adjektiv 2

Vierzimmerwohnung. Allein das _____ von Roten Pandas hat
                              Nomen 3

einen Durchmesser von _____ Metern. Ganz schön riesig für einen so
                      Zahl

kleinen Kerl. Sie brauchen _____ zum Klettern, viel Auslauf
                           Pflanze

und mögen es nicht zu warm. Zwei Mal pro _____ brauchen Rote
                                         Zeiteinheit

Pandas frisches Futter. Sie lieben Süßes und werden schnell _____ –
                                                            Adjektiv 3

am besten ist _____ geeignet. Außerdem haben sie scharfe Krallen und
              Tierfutter

_____ – wirklich kein Kuscheltier! Am besten lässt man die pelzigen Tiere
Teil e. Tiers

in ihrer Heimat _____ in freier Wildbahn leben. Dort sind die perfekten
                Land

Bedingungen – in deinem _____ würden sie sich leider nicht besonders
                        Raum e. Hauses

wohlfühlen. Und wenn du gern ein besonderes Haustier hättest –

wie wäre es mit _____ ? Diese Tiere benötigen
                Tier 1

zwar auch spezielle Pflege, aber wie das geht, kannst du in

vielen Büchern nachlesen. Oder du fängst erst mal mit einem

_____ an.
Tier 2

SUPER-
FLAUSCHIG!

WORTVORRAT

#18

Körperteil (Mehrzahl): _____

berühmte Person: _____

elektrisches Gerät: (das) _____

Verb 1: _____

Nomen 1 (Mehrzahl): _____

Fahrzeug: (der o. das) _____

Verb 2: _____

Nomen 2 (Mehrzahl): _____

Adjektiv 1: _____

Verb 3: _____

Tier 1: (der o. das) _____

weibl. Vorname: _____

Nomen 3: (der) _____

Fabelwesen: (der) _____

Adjektiv 2: _____

Tier 2 (Mehrzahl): _____

Geräusch: _____

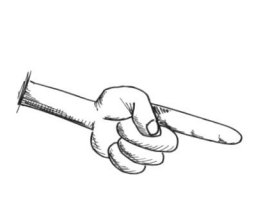

EINHORN ENTLAUFEN!

Als Polizist Thomas Klemme den Polizeifunk hörte, traute er seinen _____
_____ Körperteil

nicht: In der _____-Straße war ein merkwürdiges Tier gesichtet worden.
berühmte Person

Ins _____ sagte Klemme: „Wagen 247 – wir _____."
elektr. Gerät   Verb I

In der _____-Straße war es ziemlich dunkel, es gab nicht viele
berühmte Person, s. o.

_____ . Die Polizisten stiegen aus dem _____
Nomen I   Fahrzeug

und schauten sich um. Weil sie nichts _____ konnten, schlichen sie
Verb 2

auf leisen _____ die Straße hinunter. „Dahinten bewegt sich etwas!",
Nomen 2

keuchte Klemme. „Aber … Das ist doch nicht möglich!", antwortete sein Kollege.

Ein Einhorn stand in einem Vorgarten und graste _____ .
Adjektiv I

Klemme musste _____ : Natürlich war es kein Einhorn! Sondern ein
Verb 3

_____ , das ein Horn trug. Hinter sich hörten sie plötzlich eilige Schritte.
Tier I

„Da ist sie ja!", rief eine Frau. „Ist das Ihr, ähm, Einhorn?", fragte Klemmes Kollege.

„Nein, das ist _____ ", erklärte die Frau. „Wir drehen in der Nähe
weibl. Vorname

einen _____ und sie muss irgendwie abgehauen sein."
Nomen 3

„Welche Tiere sind denn noch da – nicht, dass noch

ein _____ entwischt", witzelte Klemme.
Fabelwesen

Die Frau sah _____ aus. „Ich habe die _____ auch schon
Adjektiv 2   Tier 2

länger nicht gesehen." Da war ein _____ zu hören und die drei drehten
Geräusch

sich erschrocken um …

hahaha

WORTVORRAT

Stadt: _____

Uhrzeit: _____

Nomen 1: (der) _____

Verb 1: _____

Nomen 2 (Mehrzahl): _____

Teil eines Tiers (Mehrzahl): _____

Zahl (größer 1): _____

Nomen 3: (der) _____

Fahrzeug: _____

Nomen 4 (Mehrzahl): _____

Adjektiv 1: _____

Zeiteinheit (Mehrzahl): _____

Geräusch: (das) _____

Adjektiv 2: _____

Nomen 5: (der) _____

Ausruf: _____

Körperteil (Mehrzahl): _____

Verb 2: _____

Ort: (der) _____

WILDE SCHWEINE

(ZEITUNGSARTIKEL)

_____ : Am Mittwoch gegen _____ erreichte die Dienststelle

Stadt   Uhrzeit

der Polizei ein ungewöhnlicher _____ . Anwohner berichteten, eine

Nomen 1

Horde Wildschweine würde in der Wiesenstraße _____ . Die Tiere würden

Verb 1

_____ umwerfen, Gärten mit ihren _____ umgraben und

Nomen 2   Teil e. Tiers

sich in Blumenbeeten wälzen. Bis zu _____ Tiere waren gesehen worden.

Zahl

Die Polizei glaubte zunächst an einen _____ , machte sich trotzdem mit

Nomen 3

zwei Beamten und einem _____ auf den Weg. Dort angekommen war

Fahrzeug

zunächst nichts zu sehen. Die Polizisten begaben sich mit _____ auf die

Nomen 4

Suche. Einer der beiden Polizisten, die _____ bleiben wollen, berichtete,

Adjektiv 1

dass sie die Tiere schließlich nach wenigen _____ fanden. Ein Grunzen

Zeiteinheit

und _____ waren zu hören und etwa 20 Wildschweine fraßen

Geräusch

_____ Gemüse in einem Garten. Als sie der _____

Adjektiv 2   Nomen 5

der Taschenlampe traf, blickten die Tiere auf und rannten auf die beiden Männer zu.

„_____ !", rief einer der Polizisten und die beiden liefen zurück zum

Ausruf

_____ . Sie sprangen hinein und verschlossen die Tür. Ängstlich beob-

Fahrzeug, s. o.

achteten sie die Wildschweine, die nun das Fahrzeug umkreisten. Zwei Tiere nahmen

sogar Anlauf und rammten ihre _____ in die Tür. Die Polizisten riefen

Körperteil

über Funk Verstärkung. Doch bevor die Kollegen _____ konnten, war die

Verb 2

Wildschweinhorde weitergezogen und wieder im _____ verschwunden.

Ort

WORTVORRAT

Tier 1 (Mehrzahl): _____

Adjektiv 1: _____

männl. Vorname: _____

Adjektiv 2: _____

Nomen 1: (das) _____

Verb 1: _____

Körperteil (Mehrzahl): _____

Verb 2: _____

Behältnis: (das) _____

Nomen 2: (das) _____

Zeiteinheit (Mehrzahl): _____

Verb 3: _____

Material: _____

Nomen 3: (der) _____

Tier 2 (Mehrzahl): _____

KATZEN IN KISTEN

Manche Leute bringen sogar ihren _____ die verrücktesten Kunststücke bei!
                                        Tier 1

Maja wünschte bloß, ihre beiden Katzen ließen sich auch trainieren. Aber die beiden waren

einfach zu _____ . Einen Versuch wollte Maja noch unternehmen: Im
              Adjektiv 1

Internet hatte sie ein ganzes Trainingsset bestellt, um Minki und _____
                                                                    männl. Vorname

endlich etwas beibringen zu können. _____ packte sie das Paket aus.
                                       Adjektiv 2

Währenddessen schlichen die Katzen neugierig um sie herum. Kaum hatte Maja

das letzte _____ aus dem Karton genommen, sprangen Minki
              Nomen 1

und _____ hinein – obwohl der viel zu klein für die beiden Fellklopse
       männl. Vorname, s. o.

war. Aber sie drängelten und quetschten sich so lange zurecht, bis sie im Karton

_____ konnten und nur noch ihre _____ heraus-
      Verb 1   Körperteil

schauten. Komisch, sonst wollten sie höchstens fressen und _____ .
                                                               Verb 2

Maja holte ein _____ . Auch hierin machten es sich die Tiere gemütlich.
                  Behältnis

Vielleicht war das das geheime _____ ihrer Katzen? In den nächsten
                                  Nomen 2

_____ ließ sie immer mal wieder in der Wohnung einen Karton
   Zeiteinheit

_____ – und nur wenig später saß eine ihrer Katzen darin!
   Verb 3

Es reichte sogar, wenn sie aus _____ ein Quadrat auf den _____
                                  Material   Nomen 3

klebte – die Katzen setzten sich hinein! Als sie davon ihrer Freundin erzählte, winkte die

nur ab: Das machen fast alle Katzen. Maja ließ den Kopf hängen. Ihre Freundin klopfte ihr

tröstend auf den Rücken: Ihre _____ könnten auch nichts Besonderes.
                                 Tier 2

Ort: (der o. das) _____

Land: _____

Adjektiv 1: _____

Zahl (1–24): _____

Behältnis: (die) _____

Beruf (Mehrzahl): _____

Tier (Mehrzahl): _____

Nomen 1: (der o. das) _____

Verb 1: _____

Tierfutter: _____

Adjektiv 2: _____

Verb 2: _____

Nomen 2 (Mehrzahl): _____

VERRÜCKT!

ZIEMLICH BESTE FREUNDE

Kannst du dir ein ungleicheres Paar als eine Ziege und ein Nashorn vorstellen? In

einem _____ in _____ ist das gar nicht ungewöhnlich!
     Ort   Land

Nashörner sind überraschend _____ . Solange sie jung sind,
           Adjektiv 1

brauchen sie _____ Stunden am Tag ihre Mama um sich – und das über
    Zahl

Jahre. Manchmal müssen Nashorn-Babys mit der _____ aufgezogen
              Behältnis

werden. Und auch in diesem Fall muss die Ersatzmama den ganzen Tag über beim

Nashorn bleiben. Also haben sich _____ etwas einfallen lassen: Die
         Beruf

Nashörner brauchen einen besten Freund. Zuerst wurde es mit _____
                  Tier

ausprobiert. Das klappte prima, es gab aber ein Problem: Die Nashörner fraßen auch als

Erwachsene nur noch aus einem _____ .
         Nomen 1

So konnten sie nicht in der Wildnis _____ .
         Verb 1

Weil Ziegen wie Nashörner am liebsten _____ fressen, bekommen
           Tierfutter

verwaiste Nashörner nun eine Ziege als Ersatzmama. Ziegen sind außerdem etwas

robuster als _____ . Das ist nicht _____ , denn natürlich
    Tier, s. o.   Adjektiv 2

möchten die jungen Nashörner mit ihren Spielkameraden _____ .
                Verb 1, s. o.

Durch die Steppe um die Wette _____ , sich gegenseitig anknuffen und
         Verb 2

hinter _____ Verstecken spielen. So werden zwei total unterschiedliche
  Nomen 2

Tierarten beste Freunde fürs Leben.

männl. Vorname: _____

Stadt: _____

Nomen 1 (Mehrzahl): _____

Land: _____

Verb 1: _____

Verb 2: _____

Zahl (1–24): _____

Körperteil 1: (das) _____

Adjektiv 1: _____

Nomen 2 (Mehrzahl): _____

Verb 3: _____

Nomen 3 (Mehrzahl): _____

Körperteil 2: (der) _____

Nomen 4: (das) _____

Adjektiv 2: _____

KOALAMAMA

Tierpflegerin Annie hat einen ganz besonderen Freund: den Koala _____ .
männl. Vorname

Vor zwei Jahren ist er neu in den Zoo von _____ gekommen. Schnell hat
Stadt

sich der Koalabär auch mit seinen _____ im Gehege verstanden – doch
Nomen 1

eine besondere Vorliebe hegt er für Annie, die für die Tiere aus _____
Land

im Zoo zuständig ist. Die anderen Koalas _____ eher noch tiefer in die
Verb 1

Eukalyptusbäume, wenn ein Tierpfleger das Gehege betritt – ohnehin _____
Verb 2

die plüschigen Beuteltiere bis zu _____ Stunden am Tag. Aber sobald Annie das
Zahl

Gehege betritt, klettert _____ von seinem Baum und klammert sich an
männl. Vorname, s. o.

das _____ der Tierpflegerin. Das ist total _____ , normaler-
Körperteil 1   Adjektiv 1

weise verlassen Koalas die _____ nur in Ausnahmen. Am Anfang musste
Nomen 2

Annie meistens _____ , doch inzwischen versucht sie, die Koalas nur noch
Verb 3

selten selbst zu füttern, denn die Tiere sollen sich nicht zu sehr an _____
Nomen 3

gewöhnen. Um ihre Arbeit machen zu können, nimmt Annie _____
männl. Vorname, s. o.

meistens auf ihren _____ , dort kann sie sein Gewicht von immerhin
Körperteil 2

15 Kilo besser tragen. Dann kann sie überprüfen, ob die Koalas noch genügend Euka-

lyptus haben, und das _____ reinigen. Und _____
Nomen 4   männl. Vorname, s. o.

scheint sich dabei äußerst _____ zu fühlen.
Adjektiv 2

Verb 1: _____

Adjektiv 1: _____

Insel: _____

Gebäude: (der o. das) _____

Nomen 1: (die) _____

Verb 2: _____

Nomen 2: (die) _____

Nomen 3: (das) _____

Adjektiv 2: _____

Land: _____

Tier (Mehrzahl): _____

Nomen 4: (das) _____

Nomen 5 (Mehrzahl): _____

Adjektiv 3: _____

Nomen 6: (der) _____

Verb 3: _____

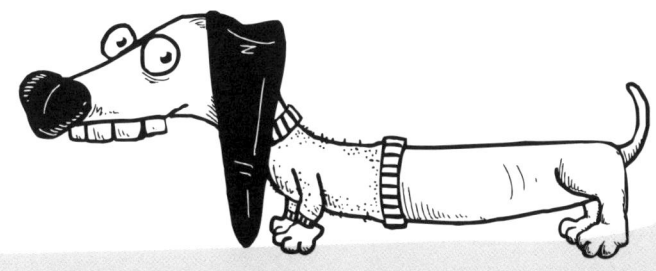

GAR NICHT AFFIG!

Manchmal ist es zum _____ , wie menschlich sich Tiere verhalten!
Verb 1

Vor allem unsere nächsten Verwandten sind da ganz _____ .
Adjektiv 1

Diese zwei Beispiele sind total abgefahren: In einer Forschungsstation auf der

Insel _____ leben Forscher in einem _____ direkt an einem
Insel   Gebäude

Fluss, um dort Orang-Utans zu beobachten. Die Menschenaffen scheinen auch die For-

scher genau unter die _____ zu nehmen! Denn sie haben bemerkt, dass
Nomen 1

sich die Wissenschaftler jeden Morgen im Fluss _____ . Einer von ihnen
Verb 2

muss einmal ein Stück _____ am Steg vergessen haben, denn etwas
Nomen 2

später machten die Biologen eine Entdeckung: Eines Morgens rieb ein Orang-Utan

sein _____ ausgiebig mit der _____ ein und spülte
Nomen 3   Nomen 2, s. o.

anschließend _____ ab!
Adjektiv 2

Fast ebenso überrascht wurde eine Biologin, die in den Dschungel von _____
Land

reiste, um dort _____ zu fotografieren. Sie baute ihre Kamera und
Tier

ein _____ auf und verließ diese Stelle dann kurz. Als sie später
Nomen 4

die _____ der Kamera auswertete, entdeckte sie mehrere
Nomen 5

Fotos eines Affen, der sich selbst fotografiert hatte! _____
Adjektiv 3

hatte er sich der Fotoausrüstung genähert, sie untersucht und schließlich

mehrmals den _____ gedrückt. Die Fotos sahen aus, als würde
Nomen 6

der Affe genau in die Linse _____ – er hatte Selfies von sich gemacht!
Verb 3

WORTVORRAT

Verb 1: _____

Nomen 1 (Mehrzahl): _____

Filmtitel: _____

Insel: _____

Verb 2: _____

Nomen 2 (Mehrzahl): _____

Verb 3: _____

Ort: (der o. das) _____

Beruf (Mehrzahl): _____

Adjektiv: _____

Begrüßungsformel: _____

TIERE MACHEN SACHEN

Obwohl der Mensch heute zum Mond _____ kann, gibt es immer

Verb 1

noch _____ im Tierreich, die ungelöst sind.

Nomen 1

Bestimmt kennst du den Film _____ . Die Lemuren, die auf der Insel

Filmtitel

_____ leben, _____ wirklich. Zumindest sieht es so aus,

Insel · Verb 2

wenn sie durch das Gras und die _____ springen. Natürlich machen sie

Nomen 2

das, um sich fortzubewegen. Aber manchmal _____ sie einfach so herum

Verb 3

und es wirkt, als ob es ihnen einfach viel Spaß macht. Es muss nicht immer alles einen

Grund haben, oder?

Auch Präriehunde machen komische Sachen: Die kleinen Nager machen im Rudel

manchmal eine Bewegung, die an eine La-Ola-Welle erinnert – vielleicht kennst du das

vom _____ . Inzwischen vermuten _____ , dass die Prärie-

Ort · Beruf

hunde damit ihre Freunde begrüßen. Dieses Verhalten stärkt _____

Adjektiv

den Zusammenhalt der Gruppe und heißt so etwas wie „_____ ,

Begrüßungsformel

alles okay bei mir". Vielleicht probierst du das mit deinen Freunden mal auf dem Schulhof

aus. Oder ihr beginnt auch einfach ohne Grund zu _____ .

Verb 2, s. o.

SUPER-FLAUSCHIG!

WORTVORRAT

#25

Adjektiv 1: _____

Teil eines Autos: (die) _____

Adjektiv 2: _____

Körperteil (Mehrzahl): _____

Geräuschlaut: _____

Adjektiv 3: _____

Ort: (der o. das) _____

Gegenstand: (die) _____

Lebensmittel: _____

Verb 1 (Vergangenheitsform): _____

Sprache: _____

Verb 2 (Vergangenheitsform): _____

Nomen (Mehrzahl): _____

AFFENBANDE

„Halt den Wagen an!", rief Marie _____ . Frederick trat hart auf
_{Adjektiv 1}

die _____ . Marie deutete auf die Straße, dort lag ein Affe – vielleicht war
_{Teil e. Autos}

er verletzt. Die beiden stiegen aus. Am Straßenrand saßen weitere Affen und beobachteten

die Situation _____ . Marie und Frederick beugten sich über das Tier.
_{Adjektiv 2}

Es atmete und blinzelte mit den _____ . Plötzlich hörten Marie und
_{Körperteil}

Frederick ein Geräusch: „_____ !" Sie drehten sich um und erschraken
_{Geräuschlaut}

_____ ! Die anderen Affen, die bis eben noch am _____
_{Adjektiv 3} _{Ort}

gesessen hatten, hatten die Autotür geöffnet. Einer hatte Maries _____
_{Gegenstand}

herausgeholt und durchsuchte sie. Ein anderer Affe biss gerade in ein

Stück_____ . Als Marie und Frederick zum Auto
_{Lebensmittel}

zurück _____ , rannten die Affen schnell davon –
_{Verb 1}

und nahmen alle Sachen, die sie greifen konnten, mit.

Marie rief die Polizei. Schließlich war sie bestohlen worden! Der Polizist konnte zum

Glück _____ sprechen. Als er die Meldung aufgenommen hatte, erklärte
_{Sprache}

er, dass Maries _____ vielleicht gefunden werden würde. Die Affen,
_{Gegenstand, s. o.}

die hier _____ , hätten sich alle möglichen Tricks einfallen lassen,
_{Verb 2}

um an Futter und _____ zu kommen. Seufzend schaute Marie zur Seite.
_{Nomen}

In einem der Bäume saß doch tatsächlich ein Affe, der ihre _____ trug!
_{Gegenstand, s. o.}

Das war's?

Schon alle Wortvorratslisten ausgefüllt,
aber du willst den Spaß mit anderen,
noch verrückteren Wörtern wiederholen?

 WWW.VERRUECKTE-LUECKEN.DE

Hier findest du alle Wortvorratslisten.
Einfach auf Download, ausdrucken und
es heißt von Neuem:

AUSFÜLLEN – VORLESEN – ABLACHEN

VERRÜCKTE  LÜCKEN

AUSFÜLLEN - VORLESEN - ABLACHEN

VERRÜCKTE LÜCKEN ist ein durchgedrehtes, ganz und gar unsinniges Textspiel, das man allein oder zusammen mit Freunden spielen kann.

DU BRAUCHST NOCH MEHR ABGEDREHTE GESCHICHTEN?

KEIN PROBLEM!

ISBN: 978-3-7432-0152-1

ISBN: 978-3-7432-0153-8

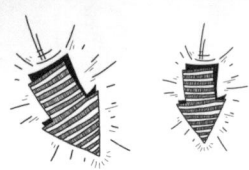

ISBN: 978-3-7432-0154-5

ISBN: 978-3-7432-0566-6

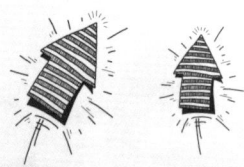

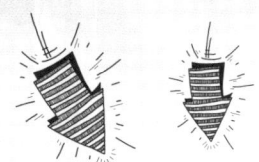

ISBN: 978-3-7432-0157-6

ISBN: 978-3-7432-0567-3

ISBN: 978-3-7432-0159-0

FSC
www.fsc.org
MIX
Papier aus ver-
antwortungsvollen
Quellen
FSC® C018236

 **Klimaneutral**
Druckprodukt
ClimatePartner.com/18521-2202-1001

ISBN 978-3-7432-0527-7

2. Auflage 2022

© 2019 Loewe Verlag GmbH, Bühlstraße 4, D–95463 Bindlach

Texte von Jule Ambach

Lektorat: Steffi Korda Büro für Kinder- & Erwachsenenliteratur, Hamburg

Umschlag- und Innenillustrationen: Michael Ludwig Dietrich

Umschlagfoto: © Olleg/shutterstock.com

Umschlaggestaltung: Michael Ludwig Dietrich

Printed in the EU

WWW.LOEWE-VERLAG.DE